¡Nuestra maravillosa Tierra!

CASCADAS

Tanner Billings
Traducido por Diana Osorio

Please visit our website, www.garethstevens.com.
For a free color catalog of all our high-quality books, call toll free 1-800-542-2595 or fax 1-877-542-2596.

Library of Congress Cataloging-in-Publication Data
Names: Billings, Tanner, author.
Title: Cascadas / Tanner Billings.
Description: New York : Gareth Stevens Publishing, [2023] | Series: ¡Nuestra maravillosa Tierra! | Includes index.
Identifiers: LCCN 2021039091 | ISBN 9781538276044 (Set) | ISBN 9781538276051 (Library Binding) | ISBN 9781538276037 (Paperback) | ISBN 9781538276068 (eBook)
Subjects: LCSH: Waterfalls–Juvenile literature.
Classification: LCC GB1403.8 .B5 2023 | DDC 551.48/4–dc23
LC record available at https://lccn.loc.gov/2021039091

Published in 2023 by
Gareth Stevens Publishing
29 East 21st Street
New York, NY 10010

Copyright © 2023 Gareth Stevens Publishing

Translator: Diana Osorio
Editor, Spanish: Diana Osorio
Editor, English: Kate Mikoley
Designer: Tanya Dellaccio

Photo credits: Cover Jam Norasett/Shutterstock.com; p. 5 Vadym Lavra/Shutterstock.com; p.7 Maridav/Shutterstock.com; p. 9 MattManaged/Shutterstock.com; p. 11 Mitzo/Shutterstock.com; p. 13 askarim/Shutterstock.com; p. 15 v.slauf/Shutterstock.com; p. 17 Vadim Petrakov/Shutterstock.com; p. 19 skostep/Shutterstock.com; p. 21 Ventu Photo/Shutterstock.com; p. 23 Lidiia Kozhevnikova/Shutterstock.com.

All rights reserved. No part of this book may be reproduced in any form without permission in writing from the publisher, except by a reviewer.

Printed in the United States of America

CPSIA compliance information: Batch #CSGS23: For further information contact Gareth Stevens, New York, New York at 1-800-542-2595.

Contenido

¿Qué es una cascada? 4

Qué geniales son las cascadas . 16

¡Visita a una cascada! 20

Palabras que debes aprender . . 24

Índice 24

A veces
un río puede caer.
Esto se conoce como
una cascada.

El agua empieza
por la parte alta
y luego baja.

El agua puede
erosionar la roca.
Esto puede
formar una cascada.

Algunos tienen mucha roca.

Algunas son muy grandes.
Pueden caer ligeramente.

Algunas son pequeñas.
Pueden bajar lentamente.

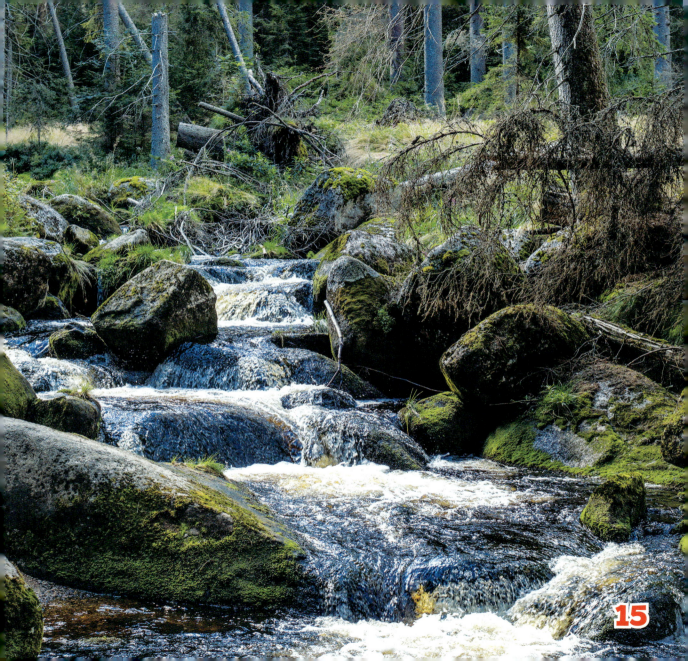

La más alta es
el Salto Ángel.
Se encuentra
en Sudamérica.

Algunas son famosas.
Las cataratas
del Niágara son
una de ellas.

Hay cascadas
por todas partes.
Puede que
haya una cerca de ti.

Puedes ir a ver una cascada. No te acerques demasiado.

Palabras que debes aprender

río   roca   agua

Índice

cascadas famosas, 16, 18

ríos, 4

roca, 8, 10